PAIDEIA
ÉDUCATION

FRANZ KAFKA

La Métamorphose

Analyse littéraire

© Paideia éducation.

1 rue Honoré - 93500 Pantin.

ISBN 978-2-7593-1174-3

Dépôt légal : Avril 2021

Impression Books on Demand GmbH

In de Tarpen 42

22848 Norderstedt, Allemagne

SOMMAIRE

- Biographie de Kafka.. 9

- Présentation de *La Métamorphose*........................... 13

- Résumé de la nouvelle.. 17

- Les raisons du succès.. 25

- Les thèmes principaux.. 29

- Étude du mouvement littéraire.................................... 39

- Dans la même collection... 43

BIOGRAPHIE DE
FRANZ KAFKA

Franz Kafka est un auteur tchèque d'expression allemande, né à Prague en 1883. Fils d'Hermann Kafka qui tient un magasin de nouveautés à Prague, l'enfance de l'écrivain s'écoule dans le vieil empire d'Autriche, au carrefour des cultures slave, allemande et juive. En juin 1889, grâce à l'ascension sociale d'Hermann Kafka, la famille s'installe dans la belle maison « Minuta », Altstädter Ring, n°2. En septembre, Franz entre à l'école – un établissement majoritairement fréquenté par les enfants de la bourgeoisie juive, où la discipline est rigoureuse.

Après huit années passées au lycée allemand, Kafka poursuit ses études dans une université allemande de Prague où il fait la connaissance de Max Brod (qui assure la publication posthume de la plupart de ses ouvrages) en 1902, et obtient un doctorat en droit en 1906. Il mène alors à Prague une existence médiocre de bureaucrate, en même temps qu'il publie ses premiers textes dans des revues d'avant-garde. En 1912, Kafka rédige *Le Verdict* et *La Métamorphose*. L'année suivante, l'éditeur Rowohlt publie le premier ouvrage de Kafka, *Considérations*, tiré de son Journal intime commencé en 1910.

En 1914, la rupture de ses fiançailles avec Felice Bauer plonge Kafka dans le désespoir, mais sa production littéraire n'en est pas moins très productive avec la rédaction du Procès et de *La Colonie pénitentiaire*. En 1917, Kafka apprend qu'il est atteint d'une tuberculose pulmonaire. Il travaille pourtant avec acharnement sur son recueil intitulé *Un médecin de campagne*, publié en 1919. En 1920, l'auteur cherchant la guérison séjourne un mois dans un sanatorium, puis reprend miraculeusement une activité littéraire : *Le Château*, entre autres.

Sa rencontre avec Dora Diamant en 1923 lui fait enfin connaître le grand amour. Mais l'année suivante, l'état de l'écrivain est désespéré et Max Brod le ramène à Prague. Il rédige encore *Joséphine la cantatrice* ou *Le peuple des souris* et prépare l'édition de son ultime recueil, *Un artiste du jeûne*, avant de s'éteindre au sanatorium de Kierling, près de Vienne, en 1924. Il est enterré au nouveau cimetière juif de Prague-Strachnitz. Ses chefs-d'œuvre, *Amérique*, *Le Château*, *Le Procès*, le *Journal intime*, sont publiés après sa mort.

PRÉSENTATION DE LA NOUVELLE

La Métamorphose est l'une des nouvelles les plus célèbres de Franz Kafka, écrite en 1912, et publiée en octobre 1915 par René Schickele dans sa revue *Die Weissen Blätter*. Le mois suivant, Kurt Wolff la publie sous forme de livre, dans sa collection « Der Jüngste Tag », avant de la rééditer en 1918. La nouvelle traverse les frontières : en France, elle est traduite par Alexandre Vialatte en 1928 et publiée dans les numéros de janvier, février et mars de la *Nouvelle Revue Française*.

Gregor Samsa, représentant de commerce, se réveille un matin transformé un insecte géant et répugnant. Sa famille, partagée entre le dégoût et la honte, l'enferme dans sa chambre et l'exclut peu à peu du cercle familial. Abandonné par les siens, Gregor poursuit une lente et irrémédiable déchéance pendant que ses parents et sa sœur subissent, quant à eux, une évolution psychologique. Comprenant qu'il est un lourd fardeau, Gregor se laisse mourir d'une blessure provoquée par le père.

Avec cette nouvelle qui constitue l'un des sommets de son art, Kafka offre l'exemple moderne le plus connu et le plus achevé des métamorphoses littéraires. En imprimant sa marque personnelle sur un thème traditionnel, ainsi qu'en opérant une fusion naturelle – et innovante – entre le réalisme et le fantastique, l'auteur suscite l'intérêt des critiques et assure sa notoriété.

RÉSUMÉ DE
LA NOUVELLE

Chapitre 1

Gregor Samsa, représentant de commerce, se réveille un matin transformé en un monstrueux insecte. Encombré par son nouveau corps, il renonce à se lever après de vaines et douloureuses tentatives. Il songe alors à son métier harassant, auquel il aurait renoncé depuis longtemps s'il ne devait rembourser la dette de son père et subvenir aux besoins de sa famille.

À six heures et demi, Gregor a raté son train et se demande ce qu'il doit faire : monter dans le prochain train ou se faire porter malade. Tandis qu'il réfléchit à tout cela, sa mère frappe à la porte de sa chambre pour l'avertir de son retard. Gregor prononce alors ses premiers mots de la journée, et s'aperçoit de l'altération de sa voix. Alertés, le père, impatient, et la sœur, inquiète, frappent à la porte et tentent à leur tour d'obtenir des nouvelles de Gregor.

Alors qu'il essaye à nouveau de s'extraire de son lit, Gregor se pétrifie en entendant sonner à la porte de l'appartement, convaincu qu'il s'agit de quelqu'un de la firme. Au son de la voix, il reconnaît aussitôt le représentant de son patron venu s'enquérir de son retard. Il se jette alors de toutes ses forces hors du lit, et se retrouve étendu sur le tapis. Toute la famille est embarrassée devant le mutisme de Gregor et son refus d'ouvrir la porte de sa chambre. Mais choqué par les reproches et les menaces du fondé de pouvoir, Gregor se lance dans un long plaidoyer : il assure avoir retrouvé des forces et promet de prendre le train de huit heures.

Personne ne comprend un traître mot prononcé par Gregor, la mère panique et ordonne l'intervention du médecin et du serrurier. C'est alors que dans un effort intense, Gregor se rapproche lentement de la porte, se dresse sur ses pattes et entreprend de tourner la clé de la serrure avec sa bouche.

La porte s'ouvre enfin et la vue de Gregor provoque horreur, stupeur et panique. La mère s'évanouit, le père sanglote et le fondé de pouvoir prend la fuite. Gregor se lance à sa poursuite dans l'espoir de l'apaiser, afin que son emploi ne soit pas compromis. Mais cette action provoque le trouble du père qui entreprend, à l'aide d'une canne et d'un journal, de le faire rentrer dans sa chambre. Il lui administre un violent coup de pied et claque la porte.

Chapitre 2

Gregor se réveille au crépuscule et se sent reposé, malgré son corps endolori et sa blessure au flanc gauche. Il découvre une écuelle de lait et des morceaux de pain, mais l'enthousiasme est de courte durée car le lait, qu'il adorait jusque là, le répugne à présent. Gregor attend la visite d'un membre de sa famille, mais il comprend que personne n'ose pénétrer dans la chambre. Gagné par la peur et la honte, Gregor se réfugie sous le canapé où il passe la nuit entière.

Au petit matin, la sœur entre précautionneusement dans la chambre et lui rapporte tout un choix de nourritures, pour tester ses goûts : Gregor, écœuré par les denrées fraîches, opte pour les aliments avariés puis s'empresse de retourner sous le canapé lorsque sa sœur vient retirer les restes. C'est ainsi que, chaque jour, se déroule le repas de Gregor.

Convaincu que Gregor ne comprend pas le langage humain, aucun membre de la famille ne cherche à communiquer avec lui. Il prend donc l'habitude d'écouter à la porte. Jusqu'alors inquiété par les finances de sa famille, il est soulagé d'apprendre que son père a pu sauver une modeste somme d'argent malgré la faillite de son entreprise, et qu'il a, par ailleurs, constitué un petit capital grâce à l'argent que Gregor lui ramène tous les mois.

Gregor passe de longues nuits sur le sofa, et des heures à regarder par la fenêtre de sa chambre malgré sa vue qui diminue. Deux fois par jour, sa sœur pénètre dans la chambre pour faire le ménage ou déposer la nourriture, pendant qu'il reste caché sous le canapé afin de ne pas l'effrayer. Mais un jour, un mois après sa métamorphose, Grete pénètre plus tôt que d'habitude et le trouve à découvert, en train de regarder par la fenêtre. Effrayée, elle fait un bon en arrière et referme la porte. Depuis ce jour, Gregor comprend que sa vue lui est définitivement insupportable et prend soin de se cacher sous un drap aux heures de visite, afin d'être complètement dissimulé.

Au bout de quelque temps, Gregor, maîtrisant mieux son corps, se trouve une nouvelle distraction : se déplacer sur les murs et le plafond de son domicile. Grete se met alors en tête d'enlever les meubles de sa chambre pour faciliter ses évolutions, et demande l'aide de sa mère, laquelle n'a encore jamais revu son fils depuis le premier jour de sa métamorphose. Gregor, dissimulé sous son drap, écoute leurs efforts pour déplacer la commode. Mais en entendant la voix de sa mère qui s'interroge sur le bien fondé de ce déménagement, reflétant l'abandon de tout espoir de guérison, il réalise soudain que ses meubles lui sont indispensables pour ne pas oublier son passé d'être humain. Trop tard cependant, car sa sœur est résolue à ne laisser que l'indispensable canapé. En voyant sa chambre se vider, Gregor ne peut s'empêcher d'intervenir. Il sort de sa cachette et, désireux de la protéger, se colle contre l'image de la dame au boa accrochée au mur de sa chambre. En le découvrant ainsi, sa mère s'affole et s'évanouit, Grete lève le poing et lui jette un regard pénétrant, et son père, à peine arrivé et concluant à un acte de violence, poursuit Gregor jusqu'à l'essoufflement puis le bombarde de pommes. L'une d'entre elles s'enfonce littéralement dans son dos avant que sa mère, revenu de son évanouissement, supplie son père de l'épargner.

Chapitre 3

Pendant plus d'un mois, Gregor souffre de la blessure infligée par son père – personne n'osant enlever la pomme restée fiché dans sa chair. En guise de compensation, on lui ouvre régulièrement la porte donnant sur la pièce commune, lui laissant la possibilité, depuis l'obscurité de sa chambre, d'observer la famille. Les conversations des Samsa ne sont plus aussi animées : le père est fatigué (il a retrouvé un emploi à la banque) et s'endort sur sa chaise, la mère coud de la lingerie pour un magasin de nouveautés, la sœur apprend la sténographie et le français. Le train de vie diminue jusqu'à vendre divers bijoux de famille, et la petite bonne est remplacée par une femme de ménage qui exaspère Gregor par sa curiosité déplacée.

Gregor dort peu, se perd dans ses pensées. Quelquefois, il rêve de pouvoir reprendre en main les affaires de la famille. D'autres fois, il est submergé par la colère, se sentant abandonné par les siens. Sa chambre sert désormais de débarras, surtout depuis qu'une pièce de l'appartement est louée à trois sous-locataires. Lorsque les sous-locataires prennent leur dîner dans la salle de séjour, la porte de Gregor reste fermée. Mais un jour, celle-ci reste entrouverte, et Gregor, attiré par le son du violon dont joue sa sœur, s'aventure au milieu du salon. Sa vue provoque l'indignation des sous-locataires qui exigent des explications et refusent de verser le moindre sou pour le logement. Effondrée, Grete émet le souhait de se débarrasser de Gregor, lequel, abattu par ce qu'il vient d'entendre, regagne tristement sa chambre. Il songe à sa famille avec attendrissement, et meurt à trois heures du matin.

Le lendemain matin, la femme de ménage découvre le corps de Gregor, et prévient les Samsa qui rendent grâce à dieu. Le père congédie sans ménagement les sous-locataires. Toute la famille décide de prendre une journée de congé pendant laquelle sont évoquées les perspectives d'avenir avec un certain optimisme, de même qu'est remarquée l'épanouissement de Grete, devenue une belle jeune fille.

LES RAISONS
DU SUCCÈS

En 1912, lorsque Kafka termine d'écrire *La Métamorphose*, l'Empire des Habsbourg est en proie à des tensions permanentes entre les Tchèques et les Allemands (les Tchèques, réagissant contre la politique de germanisation menée par la famille royale, entament un mouvement de renaissance culturelle et nationale). Ces rivalités pacifiques, s'exprimant notamment dans l'art et la littérature, font de Prague – capitale de la Bohème et troisième grande ville de l'Empire, où cohabitent les communautés Tchèque, Allemande et Juive - le théâtre d'une vie culturelle intense. Kafka, l'écrivain praguois par excellence, est alors considéré comme le plus illustre représentant de la culture allemande de Bohème. Sous l'influence de Kierkegaard, Nietzsche et Dostoïevski, il développe des thèmes spécifiques comme l'anxiété, la culpabilité, la solitude, et crée une atmosphère particulière qui donne naissance à l'adjectif « kafkaïen », définissant quelque chose d'absurde et d'illogique.

Ces thèmes et cet univers particulier que l'on retrouve dans ses œuvres ne sont autres que la conséquence du contexte historique du XIXe siècle. Les successions de guerres nationales et civiles, de bouleversements sociaux et de révolutions, menacent en effet l'existence et font passer au premier plan les problèmes posés par celle-ci. Ainsi *La Métamorphose*, texte le plus évidemment kafkaïen de l'auteur, montre à quel point le monde est absurde. Un matin, Gregor Samsa se réveille transformé en cafard, et personne ne s'interroge, à aucun moment, sur le comment ni le pourquoi de la métamorphose. C'est comme si les cauchemars de la nuit se concrétisaient ainsi dans la réalité, car une chose est sûre : la transformation du personnage n'est ni un rêve, ni une illusion.

Outre l'élément fantastique de départ, toute la nouvelle de Kafka – alors influencé par le réalisme de Flaubert - est contée de façon réaliste. L'invraisemblable métamorphose est posée, d'emblée, dans l'incipit devenue célèbre (« En se réveillant un matin après des rêves agités, Gregor Samsa se retrouva, dans son lit, métamorphosé en un monstrueux insecte ») ; le récit peut ensuite s'écrire selon les lois d'un réalisme implacable. Kafka opère ainsi avec habileté une sorte de mélange intrinsèque entre l'étrangeté du monde qu'il décrit et les descriptions réalistes qui rendent ce monde vraisemblable. De cette fusion naturelle entre le réalisme et le fantastique réside tout l'intérêt et toute la profondeur de l'œuvre. L'auteur non seulement innove, mais révèle une maîtrise d'écriture absolument remarquable. Marquez déclare avoir réalisé, à la lecture du récit, qu' « il était possible d'écrire d'une autre façon ».

Au moment de la publication de *La Métamorphose*, en 1915 puis 1918, l'Europe est préoccupée par la guerre et les redécoupages territoriaux, et l'indépendance des Tchèques est prête à être proclamée. Malgré toute cette agitation, la nouvelle est remarquée et assure la notoriété de Kafka auprès du public de langue allemande, avant de traverser les frontières et de connaître un succès incroyable.

LES THÈMES
PRINCIPAUX

La métamorphose animale est un thème littéraire largement exploité, notamment dans les contes et la mythologie. L'auteur reprend ici ce thème traditionnel, à la fois en respectant ses lois et en imposant sa marque personnelle, le style kafkaïen, déterminé par son illogisme et son absurdité.

Respectant la tradition littéraire du thème, Kafka ne fait pas le récit de la transformation elle-même, mais de ses conséquences. Aussi la nouvelle s'ouvre-t-elle directement sur le constat d'une métamorphose : « En se réveillant un matin après des rêves agités, Gregor Samsa se retrouv[e], dans son lit, métamorphosé en un monstrueux insecte. » Il se découvre un abdomen « bombé, brun, cloisonné par des arceaux plus rigides » et de « nombreuses pattes lamentablement grêles [qui] grouill[ent] désespérément sous ses yeux ». Face à cet étrange spectacle, Gregor s'interroge. Mais à la question « Qu'est ce qui m'est arrivé ? », aucune réponse n'est apportée. La métamorphose est soudaine, inattendue et déconcertante.

Si le récit prend le parti de ne jamais donner d'explication sur la question du pourquoi, le lecteur est cependant invité à déceler, dans les silences du texte, les origines et les causes profondes de la métamorphose. Est-ce la réalisation d'un désir inconscient ? Gregor Samsa, représentant de commerce, critique en effet son métier harassant et inintéressant : « Ah, mon Dieu, songea-t-il, quel métier fatiguant j'ai choisi ! [...] Si je ne me retenais pas à cause de mes parents, il y a longtemps que j'aurais donné ma démission. » L'origine profonde de la transformation pourrait donc bien se trouver dans le désir inavoué de démission d'un employé modèle, qui n'a pas été malade une seule fois en cinq ans. La métamorphose le décharge effectivement de toutes ses responsabilités humaines. Malgré tout, le texte demeure muet ; les causes de la métamorphose restent mystérieuses jusqu'au bout. Gregor transformé dès le début du récit, le lecteur n'a plus qu'à s'abandonner à la lente et irrémédiable déchéance du protagoniste.

Kafka développe avec une précision extrême les conséquences et les effets de la métamorphose, aussi bien sur Gregor que sur son entourage. Tout d'abord, la transformation de Gregor en vermine suscite le dégoût et l'effroi : c'est une créature nuisible et répugnante pour l'homme, décrite comme monstrueuse, laide et effrayante. Elle secrète des substances visqueuses, poisseuses et fétides, aussi « la reptation [de Gregor] laissait[t-elle] çà et là quelques traces de colle » sur les murs de la chambre. Lorsque Gregor entreprend de tourner la clé de la serrure avec sa bouche, « un liquide brunâtre [...] coul[e] sur la clef et tomb[e] goutte à goutte sur le sol ».

Le texte opère même une sorte de double déshumanisation, allant de l'homme à l'animal, puis de l'animal au détritus. Victime de l'indifférence de son entourage, Gregor est en effet « couvert de poussière [...] ; sur son dos et ses flancs, il traîn[e] avec lui des fils, des cheveux, des débris alimentaires ». La mère associe par ailleurs Gregor à une « gigantesque tâche brune » : la « tâche » caractérise Gregor comme une chose sale, impure et dégoûtante dont il faut se débarrasser, surtout que la « tâche brune » peut faire référence à un excrément. À sa mort, la famille ne veut même pas savoir de quelle façon la femme de ménage se débarrasse de lui, tel un déchet.

Le drame de Gregor n'est donc pas seulement d'être transformé en animal : il est d'être transformé en un animal repoussant et d'avoir à occuper un corps abject, tout en conservant sa conscience d'homme. En effet, comme l'exige le thème traditionnel de la métamorphose, la conscience de l'homme reste intacte ; seule change la forme. L'épisode de la dame au boa met en évidence l'intériorité humaine et la forme animale de Gregor. Le choix de protéger en premier lieu l' « image de la dame vêtu uniquement de fourrure », et de se jeter presque instinctivement sur elle n'est pas anodin. Elle révèle, de façon imagée et métaphorique, la dualité de Gregor entre le corps et l'esprit (la dame au boa est un véritable être humain emmitouflé d'un pelage animal).

Gregor a certes l'apparence d'un monstrueux insecte, mais le récit en focalisation interne rend compte de la permanence de la conscience humaine et permet au lecteur de partager les pensées, les sentiments, les interrogations de l'homme enfermé dans le corps d'une vermine. Au moins à trois reprises dans le récit, Gregor s'interroge, sans réponse, sur la nature de sa métamorphose : au début, quand sa conscience tente de percer le mystère de la métamorphose (« Qu'est-ce qui m'est arrivé ? »). Ensuite, lors du déménagement de la chambre, où il se rend compte que « cette vie monotone au sein de la famille, lui avait sûrement troublé l'esprit tout au long de ces deux mois ». Enfin, lorsque attiré par le son du violon, il se demande encore : « Était-il une bête, pour être à ce point ému par la musique ? »

On a donc accès aux bouleversements intérieurs de Gregor, aux sentiments que lui inspire la métamorphose : à savoir, principalement la honte – un sentiment qu'il éprouve dès sa première sortie, lorsqu'il esquive un mouvement de mâchoires à la vue du déjeuner répandu sur le sol. La crainte de gêner et le désir d'épargner à sa famille la souffrance de sa vue monstrueuse l'oblige à user de stratégies de dissimulation. Conscient que sa vue est insupportable à Grete, Gregor prend soin de se cacher sous un drap aux heures de visite « au point que sa sœur, même en se penchant, ne pût le voir ». Lors du déménagement de la chambre, Gregor se camoufle entièrement sous le drap, « renonç[ant] à voir sa mère dès cette première fois, trop content qu'elle eût fini par venir ». La honte de soi se traduit donc par cette envie irrépressible de disparaître, de se rendre invisible à autrui. À l'intérieur de l'animal se cache l'esprit humain, la conscience malheureuse. Mais dans ce corps de bête – corps que Gregor doit apprendre à connaître, accepter ou rejeter –, l'animal s'enferme progressivement dans les lois de son espèce.

La transformation du corps, première étape de la métamorphose, se poursuit par des modifications organiques qui vont peu à peu isoler le protagoniste du monde des humains, et l'enfermer dans sa condition animale. Gregor subit deux modifications organiques : la vue, devenant « de plus en plus floue », et la voix, que l'on découvre altérée dès le début du récit. C'est d'abord « un couinement douloureux et irrépressible qui ne laissait au mot leur netteté qu'au premier instant », pour devenir rapidement inintelligible, au moment où Gregor se laisse aller à un long plaidoyer suite aux menaces du fondé de pouvoir : « Avez-vous compris un traître mot ? » interroge celui-ci. Or l'altération de la voix empêchant Gregor de communiquer avec autrui, l'affaiblissement de la vue, sans oublier le changement d'appétit (écœuré par le lait « qui était naguère sa boisson favorite », il opte désormais pour les aliments avariés) coupent le personnage du monde extérieur, et l'éloignent de plus en plus de son passé humain.

Ainsi Gregor s'installe peu à peu dans son animalité. Au début de la nouvelle, son corps étranger lui échappe. Il ne maîtrise ni la largeur et le poids de son corps, ni l'agitation de ses nombreuses pattes. Il s'inquiète de ne « trouv[er] aucun moyen pour ramener l'ordre et le calme dans cette anarchie ». Mais progressivement, au prix d'une somme d'efforts pour tenter de se lever et de se déplacer, Gregor apprend à connaître ce corps étranger. Ignorant tout de ses « capacités de déplacement » lorsqu'il poursuit le fondé de pouvoir, Gregor retombe sur toutes ses pattes après de douloureux efforts pour se maintenir debout, et ressent « pour la première fois de la matinée une sensation de bien être ; les petites pattes reposaient fermement sur le sol ; elles obéissaient parfaitement ». Son dos, « aussi dur qu'une carapace » lui semble-t-il, se révèle « plus élastique qu'il ne l'avait pensé ». Plus tard, il découvre une utilité à ses antennes « qu'il commenc[e] [...] à apprécier ». Au bout de quelques temps, Gregor est bien plus maître de son corps et se trouve une nouvelle distraction : évoluer en tous sens sur les murs et le plafond. Ces jeux d'altitude apparaissent comme un moment d'oubli du monde, de plénitude absolue, libérant Gregor de sa condition humaine. « Dans l'état de distraction presque heureuse où il se trouvait là haut », jamais Gregor n'avait coïncidé aussi pleinement avec son corps animal.

On peut dès lors se demander : Gregor rêve-t-il de devenir complètement animal ou de retrouver sa forme humaine ? S'il constate, non sans en tirer une espèce de plaisir, qu'il perd à la longue ses habitudes humaines et se complaît dans son état de bête, Gregor se ressaisit rapidement, soucieux de ne pas oublier son passé d'être humain. C'est la contemplation de son espace familier – sa chambre – qui raccroche Gregor à son humanité. Aussi le protagoniste subit-il comme un électrochoc à la vue de sa chambre qui se vide, symbole de déshumanisation et perte de repère : la crainte de perdre sa chambre telle qu'elle était auparavant révèle sa peur de se perdre à jamais. Pire, une chambre entièrement vide le rapprocherait davantage de sa condition animale puisqu'elle lui permettrait d' « évoluer en tous sens sur les murs et le plafond ». Gregor craint donc que la transformation de sa chambre ne conduise à l'achèvement de sa métamorphose. Jusqu'au bout, Gregor se raccroche à son humanité et reste le même à l'intérieur : il conserve sa naïveté et sa faible intelligence (ne discernant jamais, par exemple, la malhonnêteté de son père thésaurisant son argent). Il reste un humain, triste et honteux, enfoui dans le remord et la culpabilité. Cependant, la famille rejette Gregor de plus en plus violemment dans son animalité. Chacune de ses tentatives pour échapper à sa condition et s'intégrer dans le cercle familial est un échec : M. Samsa repousse son fils en agitant une canne et un journal. Plus tard, il le bombarde de pommes et le blesse. Enfin, la famille refuse de voir encore un être humain, un frère, un fils. Pour elle, il ne s'agit plus que d'un insecte répugnant : elle condamne Gregor à mort.

Le véritable sujet de la nouvelle de Kafka – et c'est là que se démarque l'auteur par rapport à la tradition littéraire des métamorphoses - n'est pas tant la métamorphose de Gregor en animal, mais la transformation psychologique et morale de toute une famille, qui exclut peu à peu l'un des siens du cercle familial. M. Samsa, décrit d'abord comme un « vieil homme », « lent » et « engraissé » depuis qu'il a cessé de travailler, entame sa croissance psychologique dès la métamorphose de son fils en animal rampant. Son « uniforme strict, bleu à boutons dorés », son « puissant double menton », ses « regards vifs et vigilants », ses cheveux « lisses et séparés par une raie impeccable », sa « casquette » et les « mains dans les poches de son pantalon » témoignent du changement radical d'un père affirmant désormais son autorité.

Grete, fragile et désœuvrée au début de la nouvelle, apparaît de plus en plus confiante et assurée, prenant notamment l'habitude « de se poser en experte face à ses parents lorsqu'il s'agi[t] des affaires de Gregor ». Sa gentillesse envers son frère laisse rapidement place à l'indifférence, puis à la haine. Tandis que Gregor sombre dans la déchéance et l'anorexie, la jeune fille mûrit, trouve un emploi de vendeuse, apprend le français et la sténographie.

Son épanouissement est manifeste dans la conclusion de la nouvelle, lorsque M. et Mme Samsa observent qu'elle est devenue « un beau brin de jeune fille » et qu'il est temps de la marier. Le récit commence donc avec la monstrueuse mutation de Gregor, et s'achève avec l'éclatante et magnifique transformation de Grete « étir[ant] son jeune corps ».

La famille entière se ressoude après la mort de Gregor, pour qui elle n'éprouve plus que du dégoût et de la haine et refuse même de croire, à la fin, qu'il s'agit d'un être humain, d'un fils ou d'un frère.

ÉTUDE DU MOUVEMENT LITTÉRAIRE

La Métamorphose de Kafka est généralement associée au courant existentialiste. L'existentialisme, qui trouve son origine dans le sens étymologique du mot « existence », est une doctrine philosophique et littéraire selon laquelle l'existence précède et crée l'essence – c'est à dire que l'homme, par ses actions, dont il est pleinement responsable, détermine lui-même son être, son essence.

Si les premiers signes concrets de l'existentialisme se situent, en ce qui concerne la France, vers 1925, les prémices de ce courant sont en réalité bien antérieurs, et se manifestent en dehors de la France. De Socrate et son célèbre impératif « connais-toi toi-même », à Pascal se dressant contre les cartésiens qui, trop axés sur les sciences, se préoccupent à peine de l'homme et de son existence, la doctrine philosophique s'épanouit pleinement avec Kierkegaard, considéré comme le précurseur de l'existentialisme. « Il ne peut y avoir de système de l'existence, dit-il, mais une affirmation de la philosophie de l'homme contre la primauté de la philosophie des idées et de la philosophie de la nature. » C'est donc sous l'influence de Kierkegaard, mais aussi de Nietzsche, que la philosophie devient une réflexion concrète sur l'homme et sur sa condition, consciente désormais du manque de solutions que la raison prétend apporter sur l'existence. L'existentialisme, cependant, ne s'apparente à un courant philosophique qu'au XXe siècle : en Allemagne vers 1930, grâce aux travaux d'Edmond Husserl, Martin Heidegger et Karl Jasper ; en France vers 1940-1950, avec Jean-Paul Sartre, Maurice Merleau Ponty et Gabriel Marcel.

La philosophie de l'existence apparaît donc en réaction face à l'excès de la philosophie classique des idées. Fondée tout d'abord sur la liberté absolue, elle préconise l'idée selon laquelle l'homme n'est pas prédéterminé avant de naître ; il est responsable de ce qu'il fait de lui, et libre de ses choix, de ses pensées, de ses croyances. On y retrouve généralement les thèmes suivants : l'homme responsable de son existence ; la contingence de l'être humain ; l'impuissance de la raison ; l'angoisse du néant et de sa propre liberté ; la solitude et l'isolement ; le désespoir et le néant. Même si les thèmes peuvent varier en intensité en en signification selon la sensibilité du philosophe (il peut s'agir d'un existentialisme athée – Heidegger et Sartre –, ou d'un existentialisme religieux – Kierkegaard, Jaspers et Gabriel Marcel), l'existentialisme reconnaît toujours comme valeur fondamentale le choix personnel qui détermine l'essence de l'homme.

L'existentialisme, qui ne découle ni d'un mouvement, ni d'une école, ni de l'élaboration d'une doctrine, obtient malgré tout un succès ambigu grâce à la vulgarisation de sa pensée philosophique dans la littérature. C'est un courant influent qui n'est cependant qu'un moment succinct de la littérature, n'appelant aucune postérité.

DANS LA MÊME COLLECTION
(par ordre alphabétique)

- **Anonyme**, *La Farce de Maître Pathelin*
- **Anouilh**, *Antigone*
- **Aragon**, *Aurélien*
- **Aragon**, *Le Paysan de Paris*
- **Austen**, *Raison et Sentiments*
- **Balzac**, *Illusions perdues*
- **Balzac**, *La Femme de trente ans*
- **Balzac**, *Le Colonel Chabert*
- **Balzac**, *Le Lys dans la vallée*
- **Balzac**, *Le Père Goriot*
- **Barbey d'Aurevilly**, *L'Ensorcelée*
- **Barbey d'Aurevilly**, *Les Diaboliques*
- **Bataille**, *Ma mère*
- **Baudelaire**, *Les Fleurs du Mal*
- **Baudelaire**, *Petits poèmes en prose*
- **Beaumarchais**, *Le Barbier de Séville*
- **Beaumarchais**, *Le Mariage de Figaro*
- **Beauvoir**, *Mémoires d'une jeune fille rangée*
- **Beckett**, *En attendant Godot*
- **Beckett**, *Fin de partie*
- **Brecht**, *La Noce*
- **Brecht**, *La Résistible ascension d'Arturo Ui*
- **Brecht**, *Mère Courage et ses enfants*
- **Breton**, *Nadja*
- **Brontë**, *Jane Eyre*
- **Camus**, *L'Étranger*
- **Carroll**, *Alice au pays des merveilles*
- **Céline**, *Mort à crédit*

- **Céline**, *Voyage au bout de la nuit*
- **Chateaubriand**, *Atala*
- **Chateaubriand**, *René*
- **Chrétien de Troyes**, *Perceval ou le conte du Graal*
- **Chrétien de Troyes**, *Yvain ou le Chevalier au lion*
- **Cocteau**, *La Machine infernale*
- **Cocteau**, *Les Enfants terribles*
- **Colette**, *Le Blé en herbe*
- **Corneille**, *Le Cid*
- **Crébillon fils**, *Les Égarements du cœur et de l'esprit*
- **Defoe**, *Robinson Crusoé*
- **Dickens**, *Oliver Twist*
- **Du Bellay**, *Les Regrets*
- **Dumas**, *Henri III et sa cour*
- **Duras**, *L'Amant*
- **Duras**, *La Pluie d'été*
- **Duras**, *Un barrage contre le Pacifique*
- **Flaubert**, *Bouvard et Pécuchet*
- **Flaubert**, *L'Éducation sentimentale*
- **Flaubert**, *Madame Bovary*
- **Flaubert**, *Salammbô*
- **Gary**, *La Vie devant soi*
- **Giraudoux**, *Électre*
- **Gogol**, *Le Mariage*
- **Homère**, *L'Odyssée*
- **Hugo**, *Hernani*
- **Hugo**, *Les Misérables*
- **Hugo**, *Notre-Dame de Paris*
- **Huxley**, *Le Meilleur des mondes*
- **Jaccottet**, *À la lumière d'hiver*
- **James**, *Une vie à Londres*
- **Jarry**, *Ubu roi*
- **Kafka**, *Lettre au père*

- **Kerouac**, *Sur la route*
- **Kessel**, *Le Lion*
- **La Fayette**, *La Princesse de Clèves*
- **Le Clézio**, *Mondo et autres histoires*
- **Levi**, *Si c'est un homme*
- **London**, *Croc-Blanc*
- **London**, *L'Appel de la forêt*
- **Maupassant**, *Boule de suif*
- **Maupassant**, *Le Horla*
- **Maupassant**, *Une vie*
- **Molière**, *Amphitryon*
- **Molière**, *Dom Juan*
- **Molière**, *L'Avare*
- **Molière**, *Le Malade imaginaire*
- **Molière**, *Le Tartuffe*
- **Molière**, *Les Fourberies de Scapin*
- **Musset**, *Les Caprices de Marianne*
- **Musset**, *Lorenzaccio*
- **Musset**, *On ne badine pas avec l'amour*
- **Perec**, *La Disparition*
- **Perec**, *Les Choses*
- **Perrault**, *Contes*
- **Prévert**, *Paroles*
- **Prévost**, *Manon Lescaut*
- **Proust**, *À l'ombre des jeunes filles en fleurs*
- **Proust**, *Albertine disparue*
- **Proust**, *Du côté de chez Swann*
- **Proust**, *Le Côté de Guermantes*
- **Proust**, *Le Temps retrouvé*
- **Proust**, *Sodome et Gomorrhe*
- **Proust**, *Un amour de Swann*
- **Queneau**, *Exercices de style*
- **Quignard**, *Tous les matins du monde*

- **Rabelais**, *Gargantua*
- **Rabelais**, *Pantagruel*
- **Racine**, *Andromaque*
- **Racine**, *Bérénice*
- **Racine**, *Britannicus*
- **Racine**, *Phèdre*
- **Renard**, *Poil de carotte*
- **Rimbaud**, *Une saison en enfer*
- **Sagan**, *Bonjour tristesse*
- **Saint-Exupéry**, *Le Petit Prince*
- **Sarraute**, *Enfance*
- **Sarraute**, *Tropismes*
- **Sartre**, *Huis clos*
- **Sartre**, *La Nausée*
- **Senghor**, *La Belle histoire de Leuk-le-lièvre*
- **Shakespeare**, *Roméo et Juliette*
- **Steinbeck**, *Les Raisins de la colère*
- **Stendhal**, *La Chartreuse de Parme*
- **Stendhal**, *Le Rouge et le Noir*
- **Verlaine**, *Romances sans paroles*
- **Verne**, *Une ville flottante*
- **Verne**, *Voyage au centre de la Terre*
- **Vian**, *J'irai cracher sur vos tombes*
- **Vian**, *L'Arrache-cœur*
- **Vian**, *L'Écume des jours*
- **Voltaire**, *Candide*
- **Voltaire**, *Micromégas*
- **Voltaire**, *Zadig*
- **Zola**, *Au Bonheur des Dames*
- **Zola**, *L'Argent*
- **Zola**, *L'Assommoir*
- **Zola**, *Nana*
- **Zola**, *Pot-Bouille*

www.ingramcontent.com/pod-product-compliance
Lightning Source LLC
LaVergne TN
LVHW092101060526
838201LV00047B/1501